rainbow

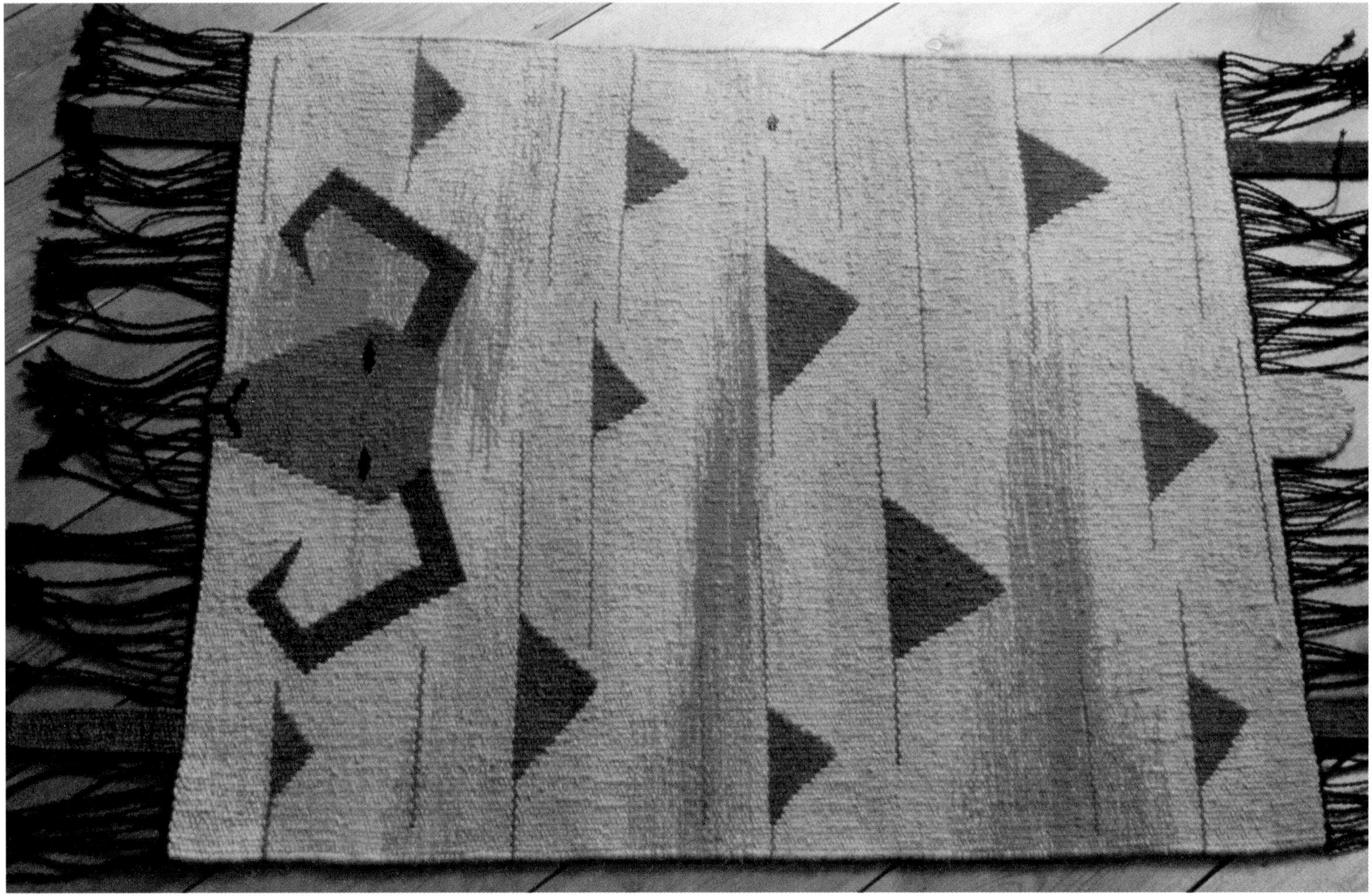

rug

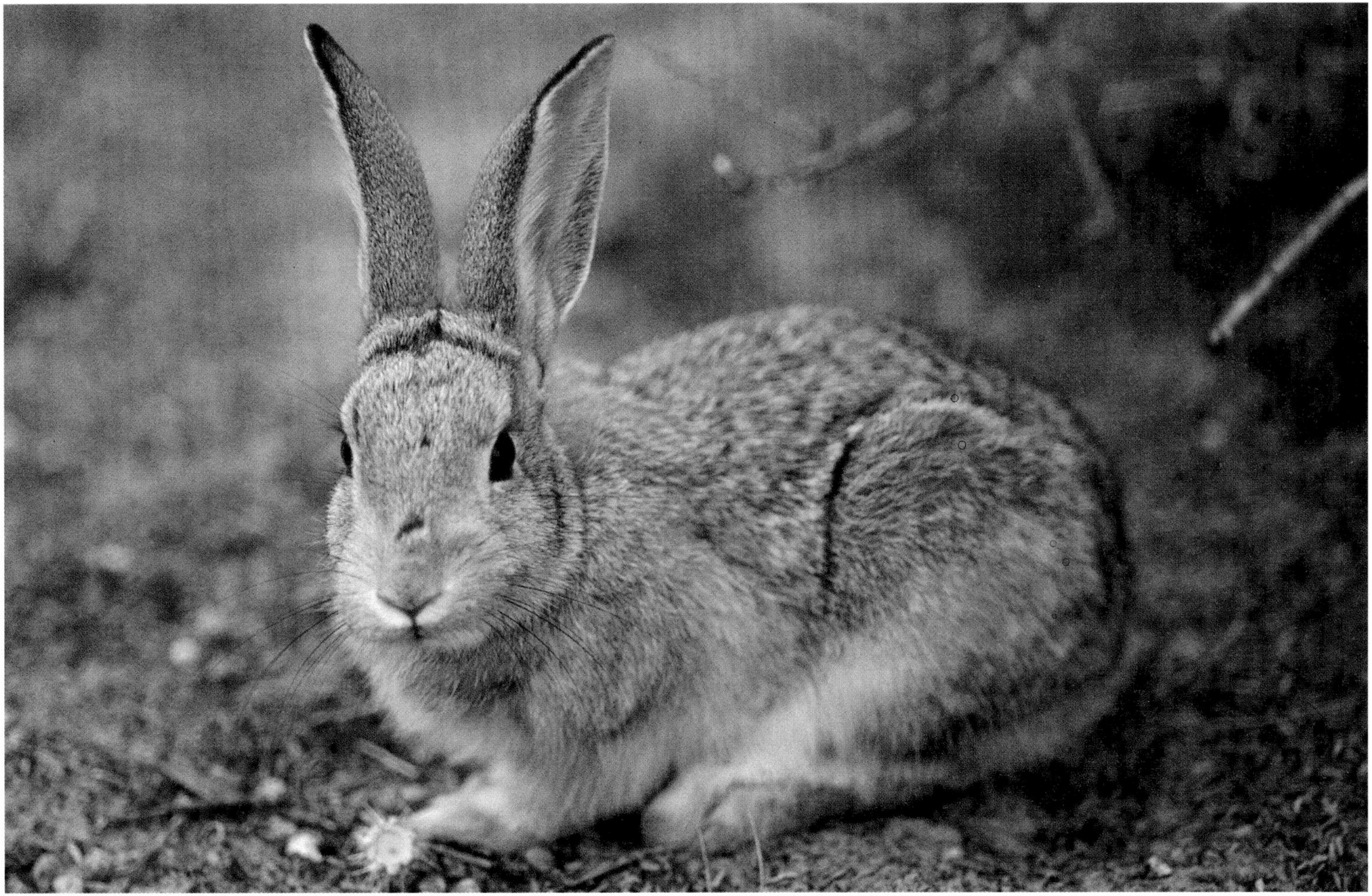

rabbit

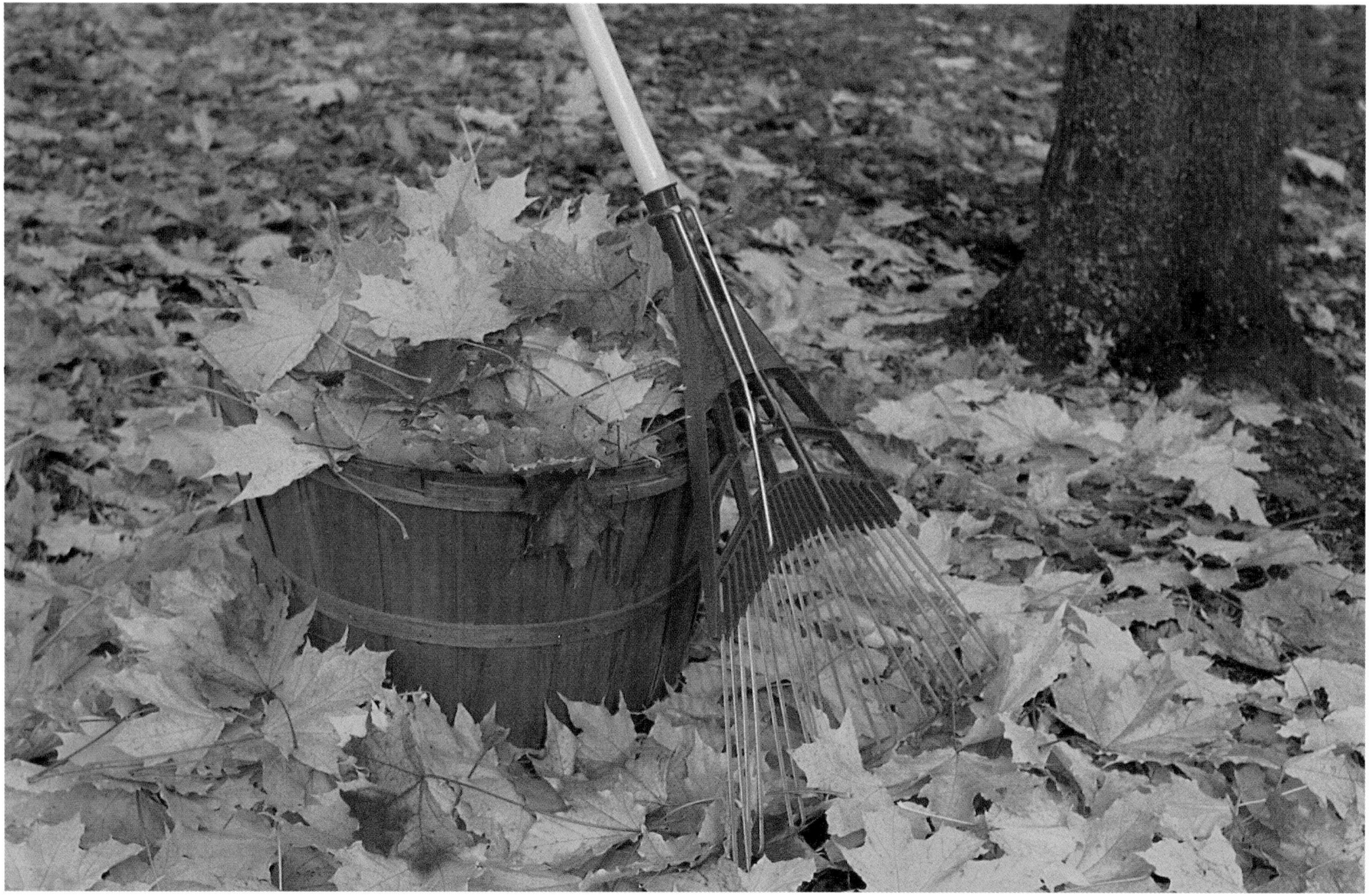

rake

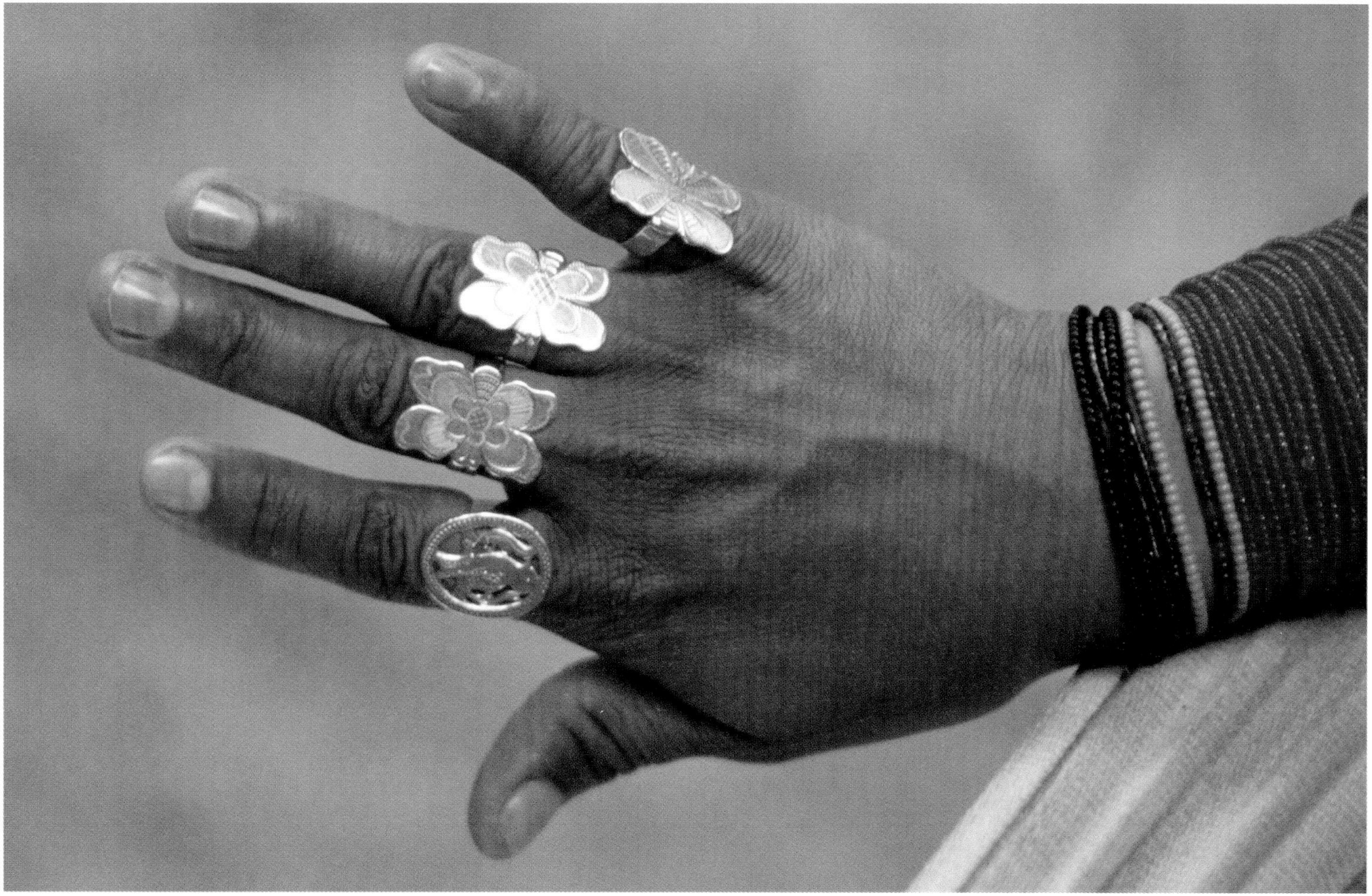

rings

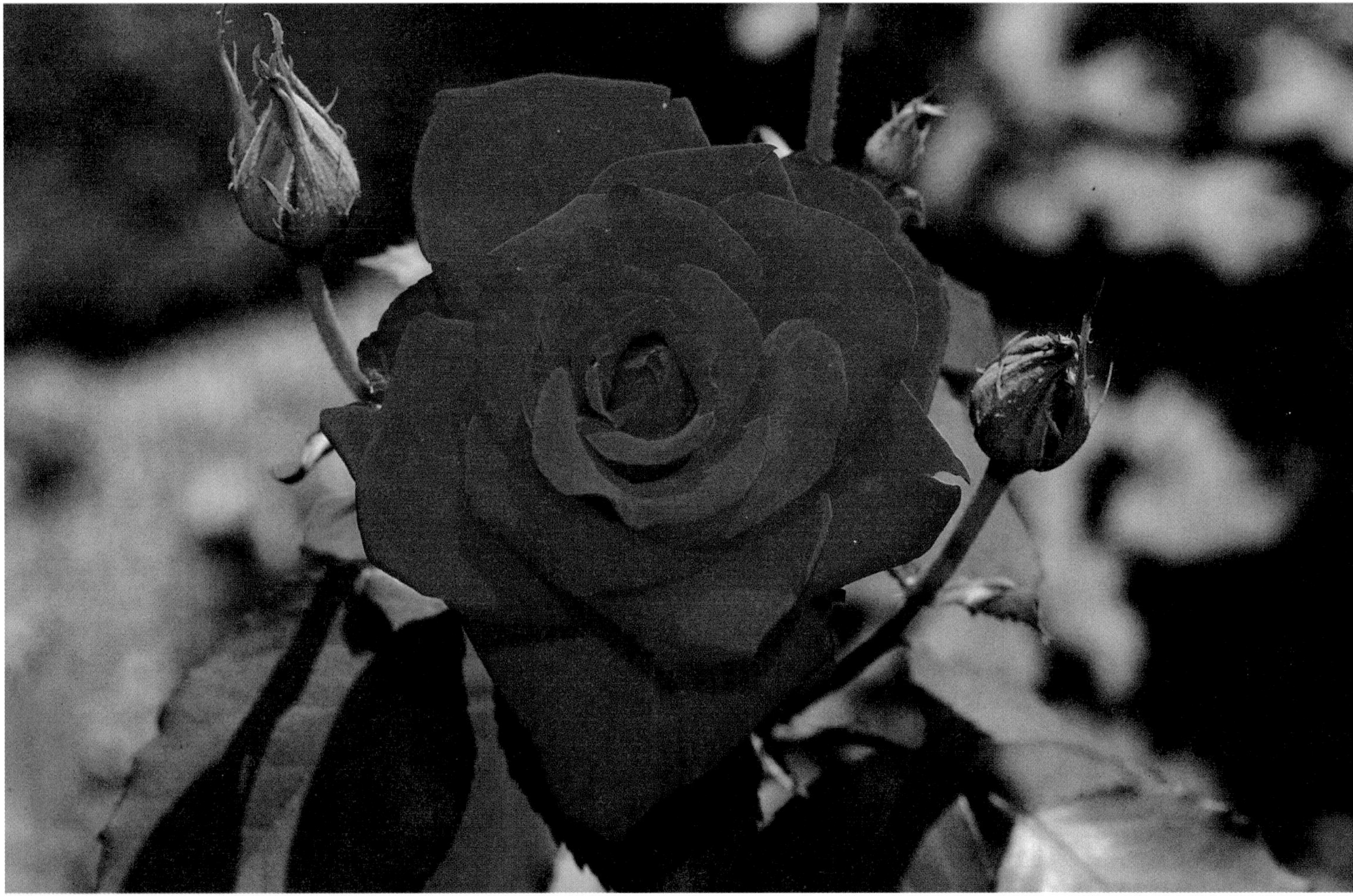

rose

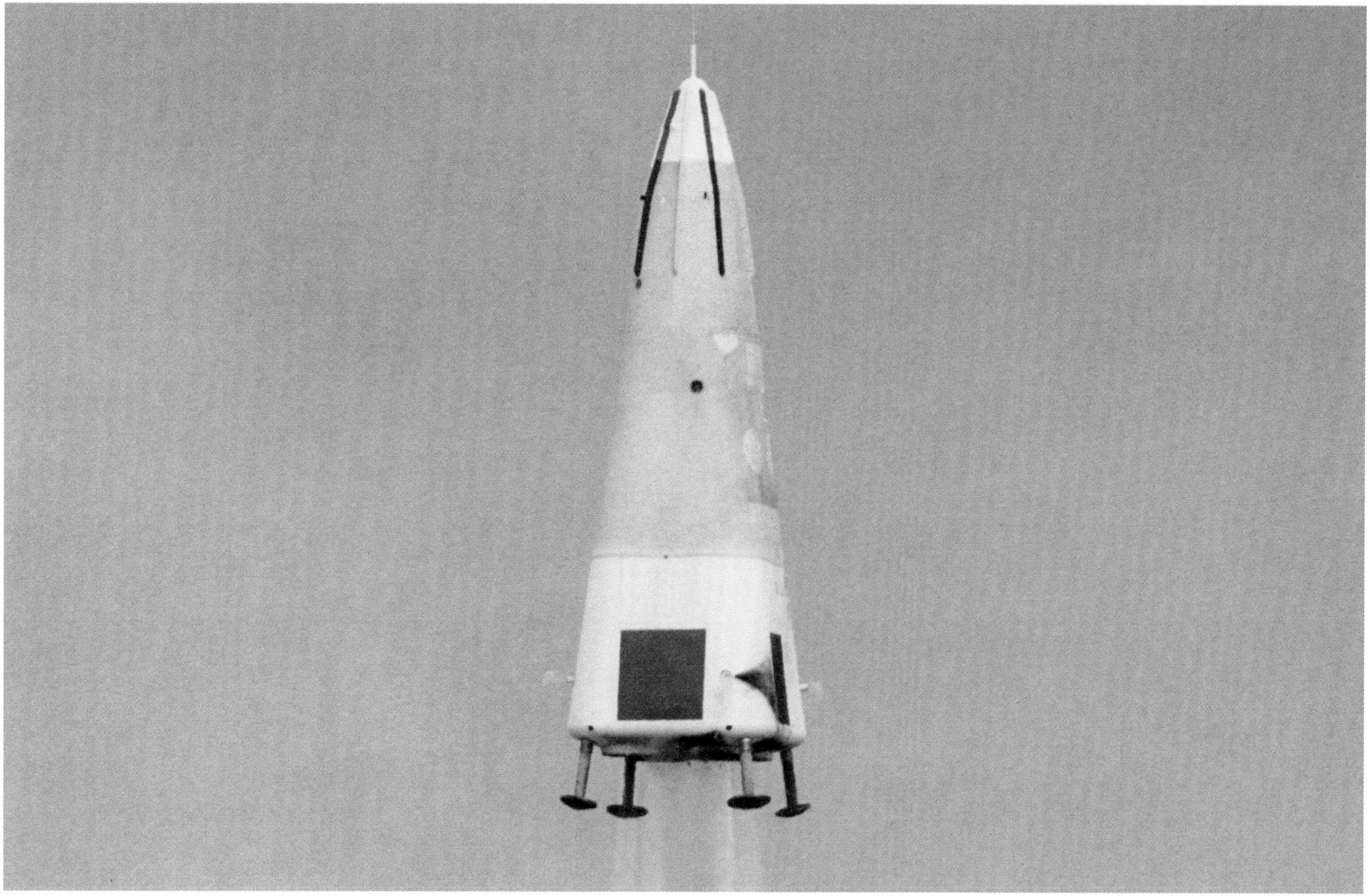

rocket

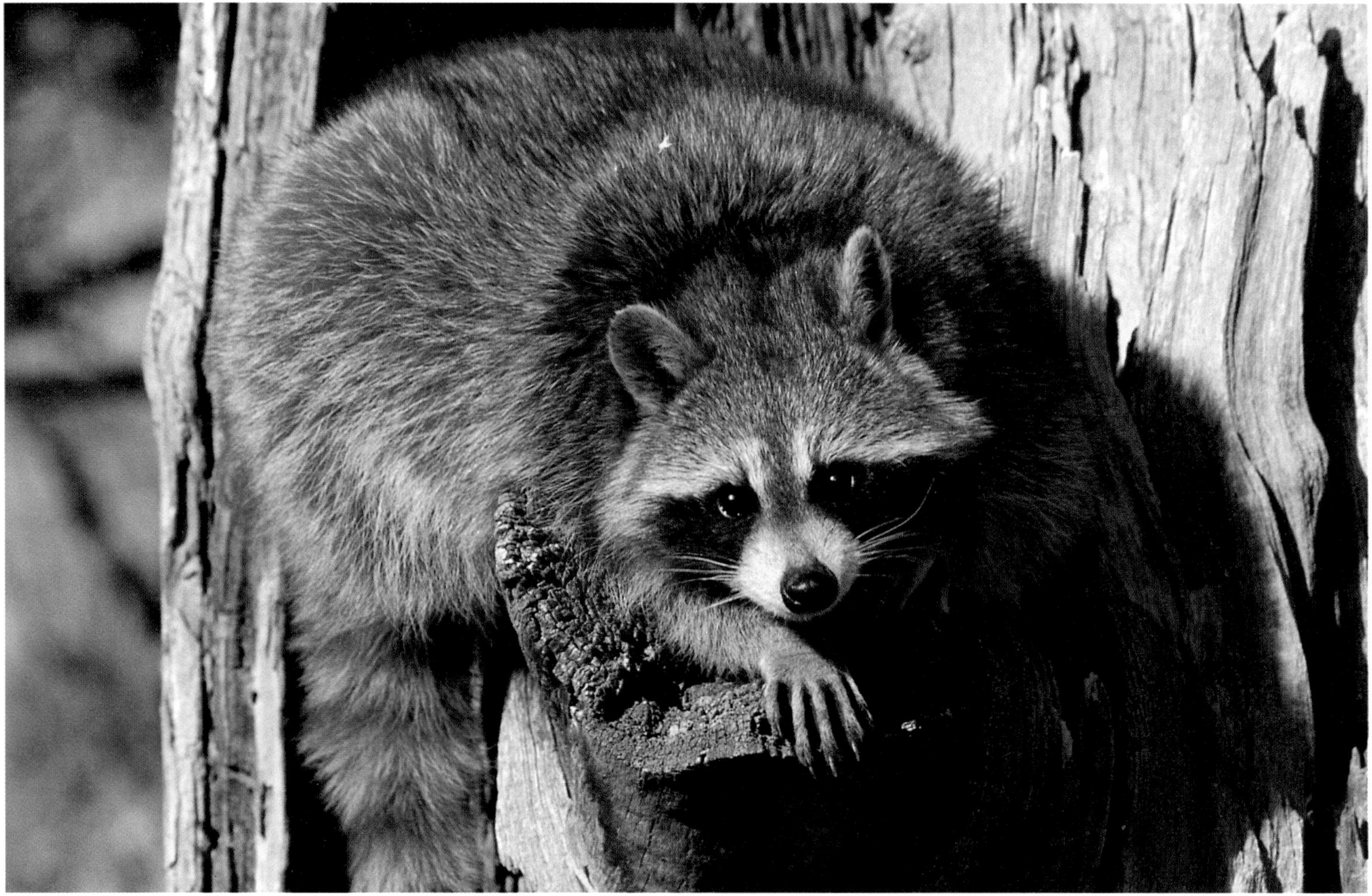

raccoon